Jean Jullien

HOLiDAYS

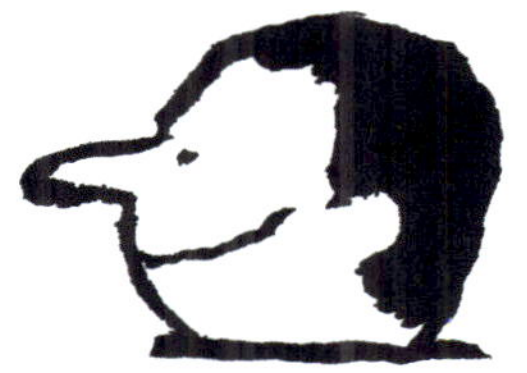

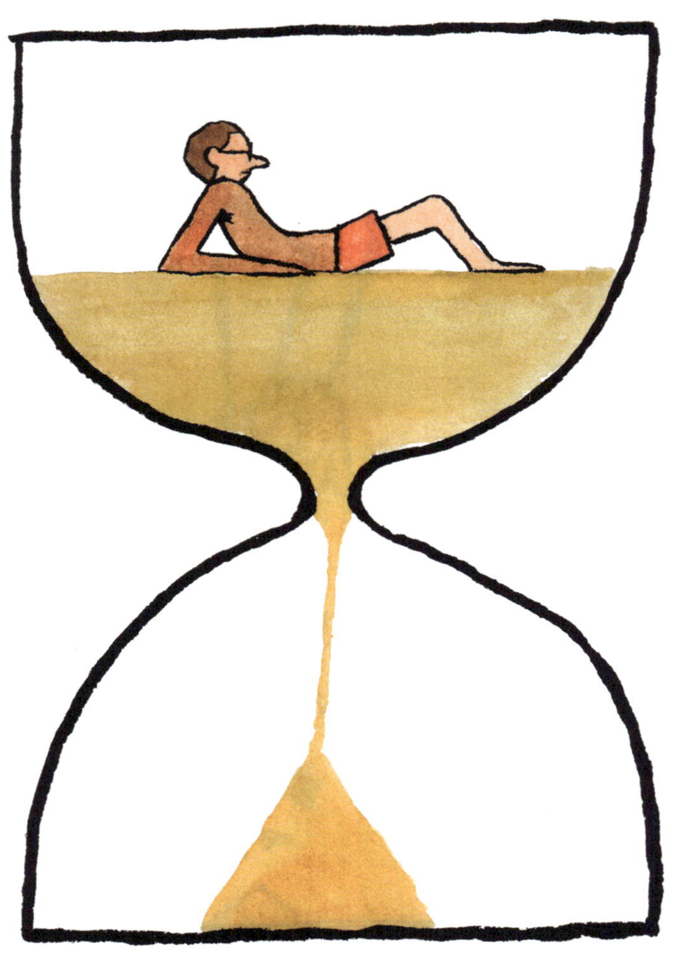

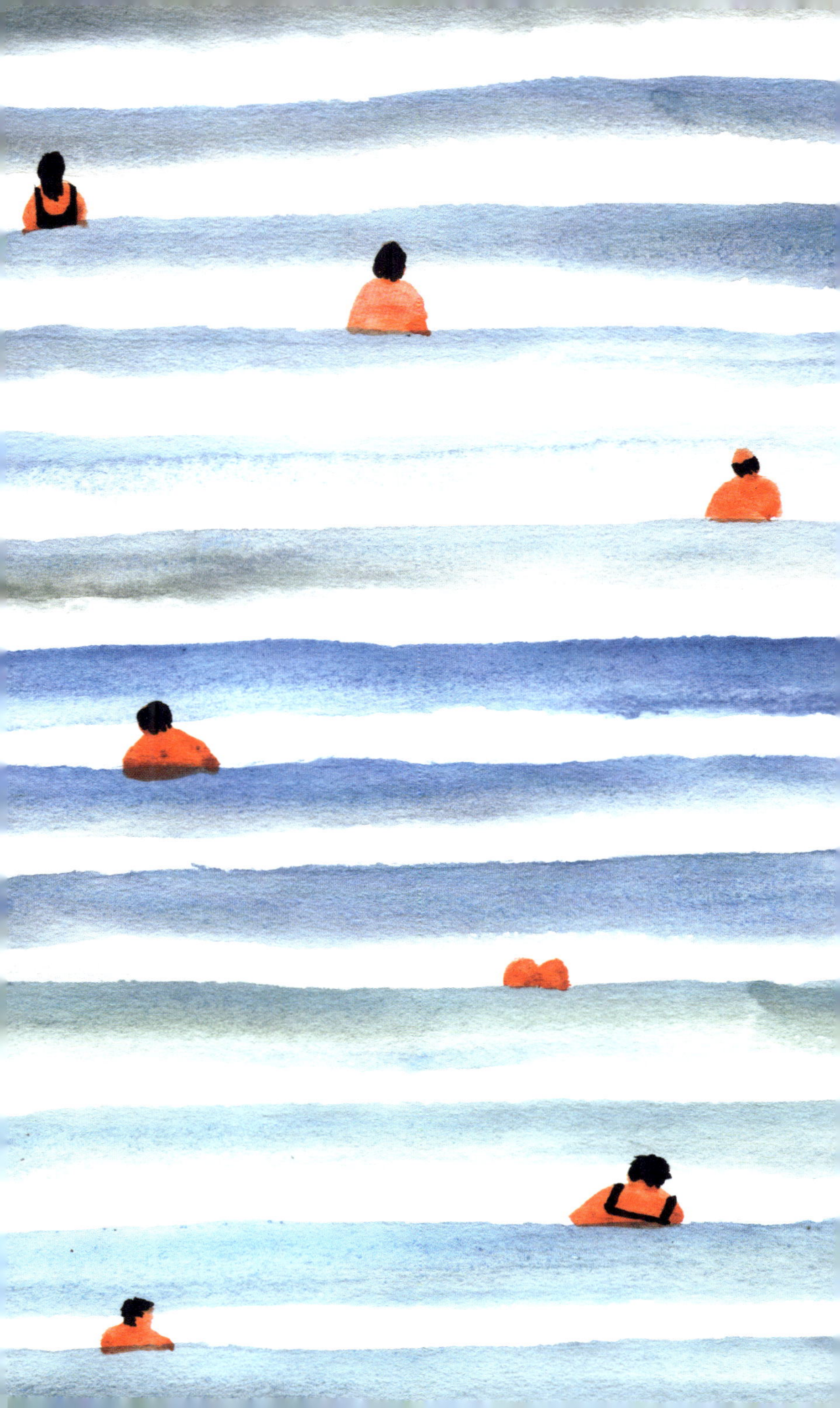

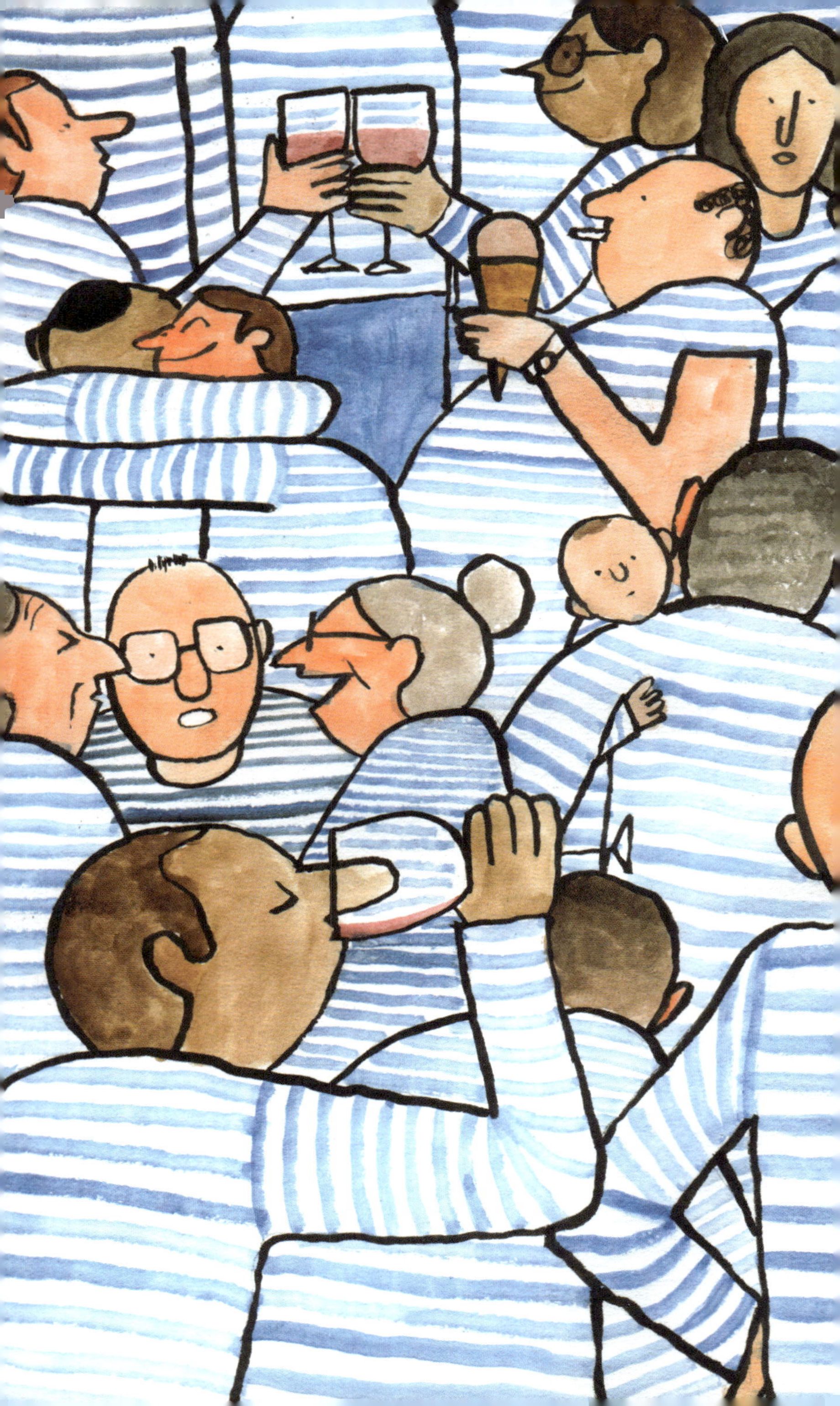

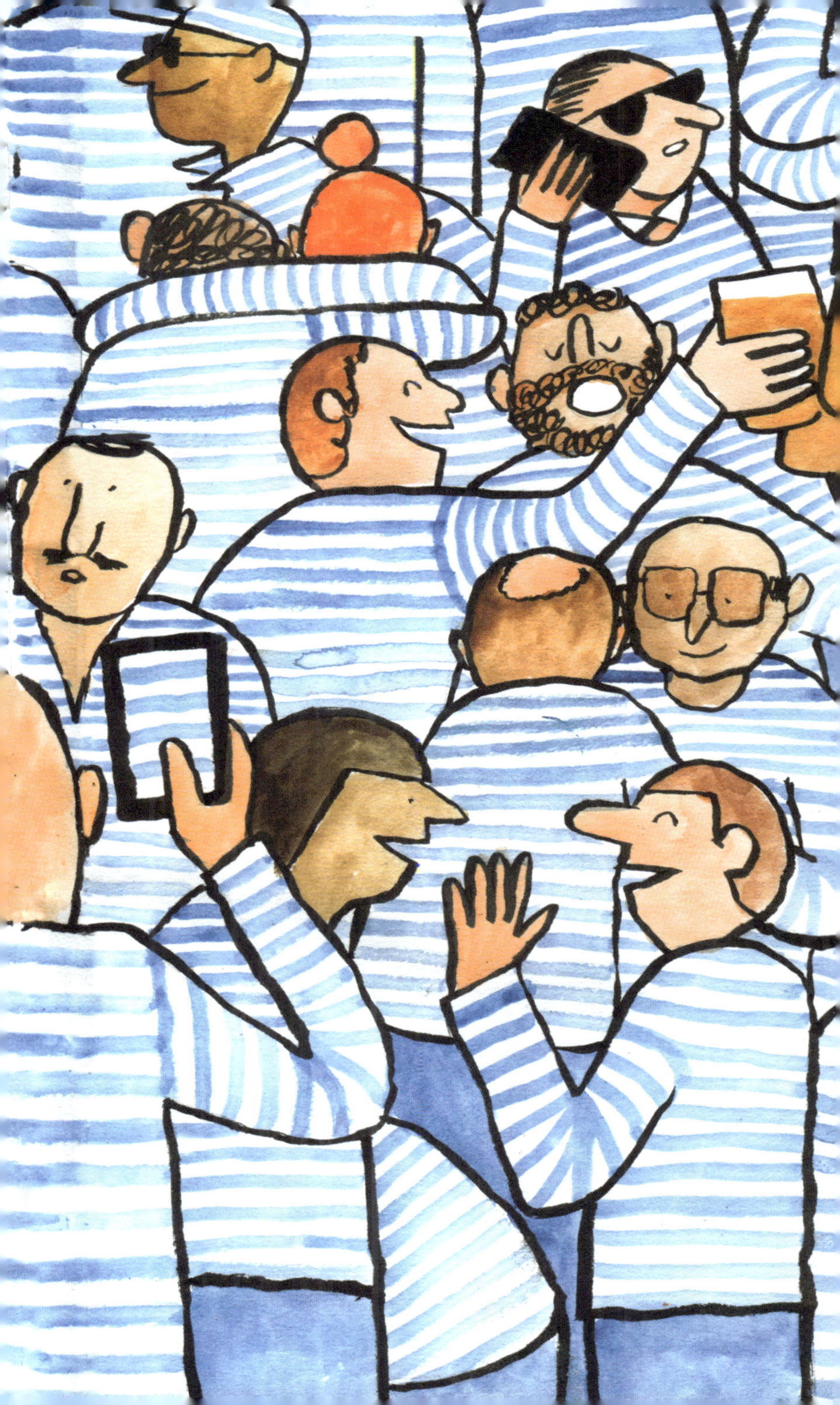

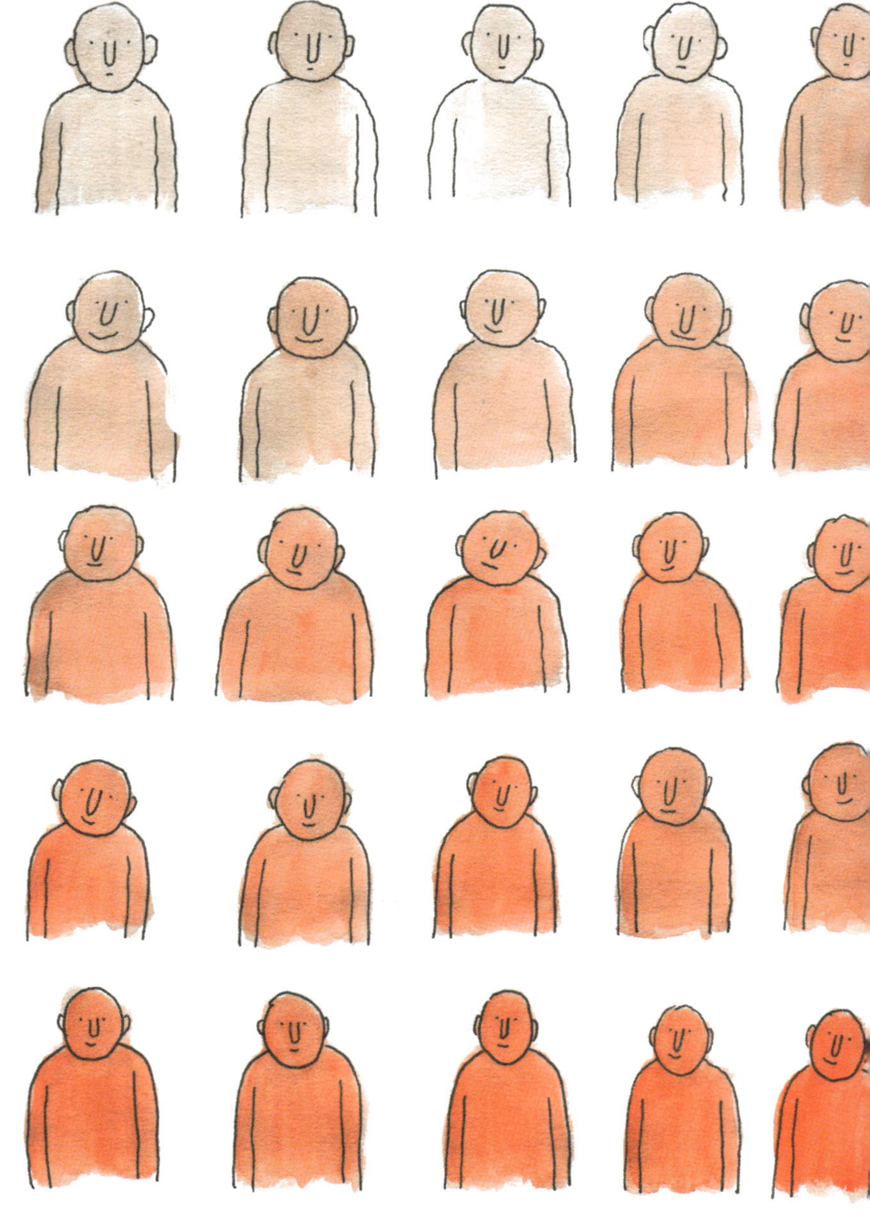

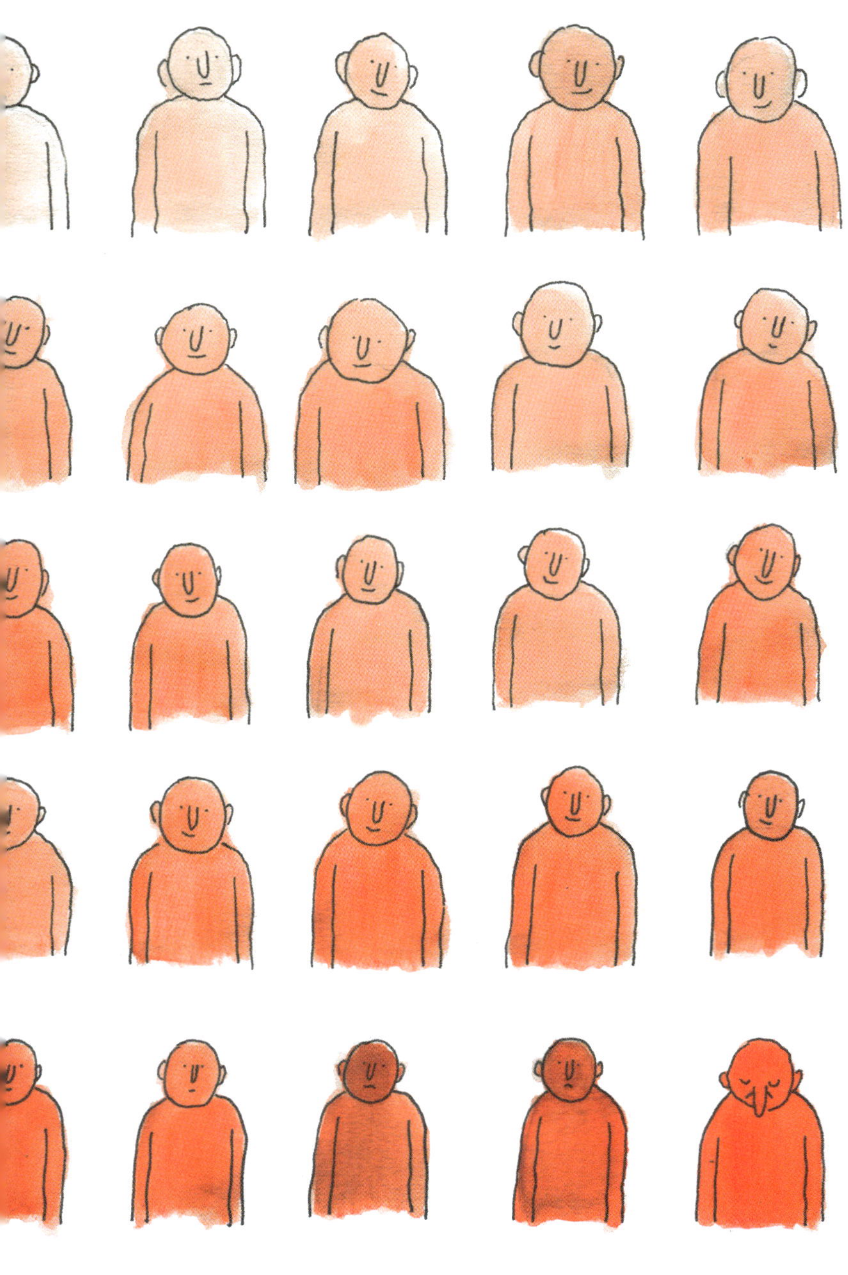

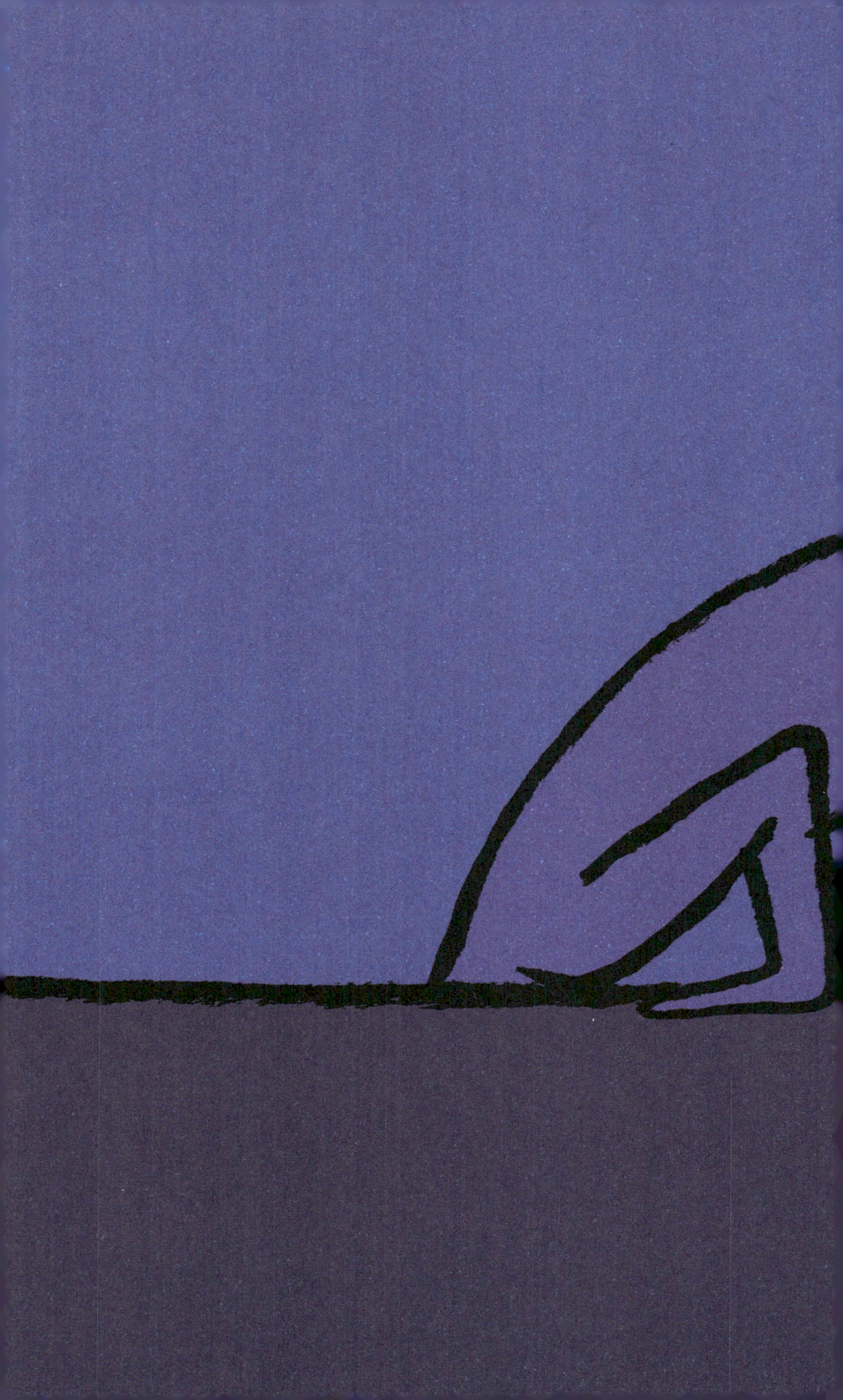

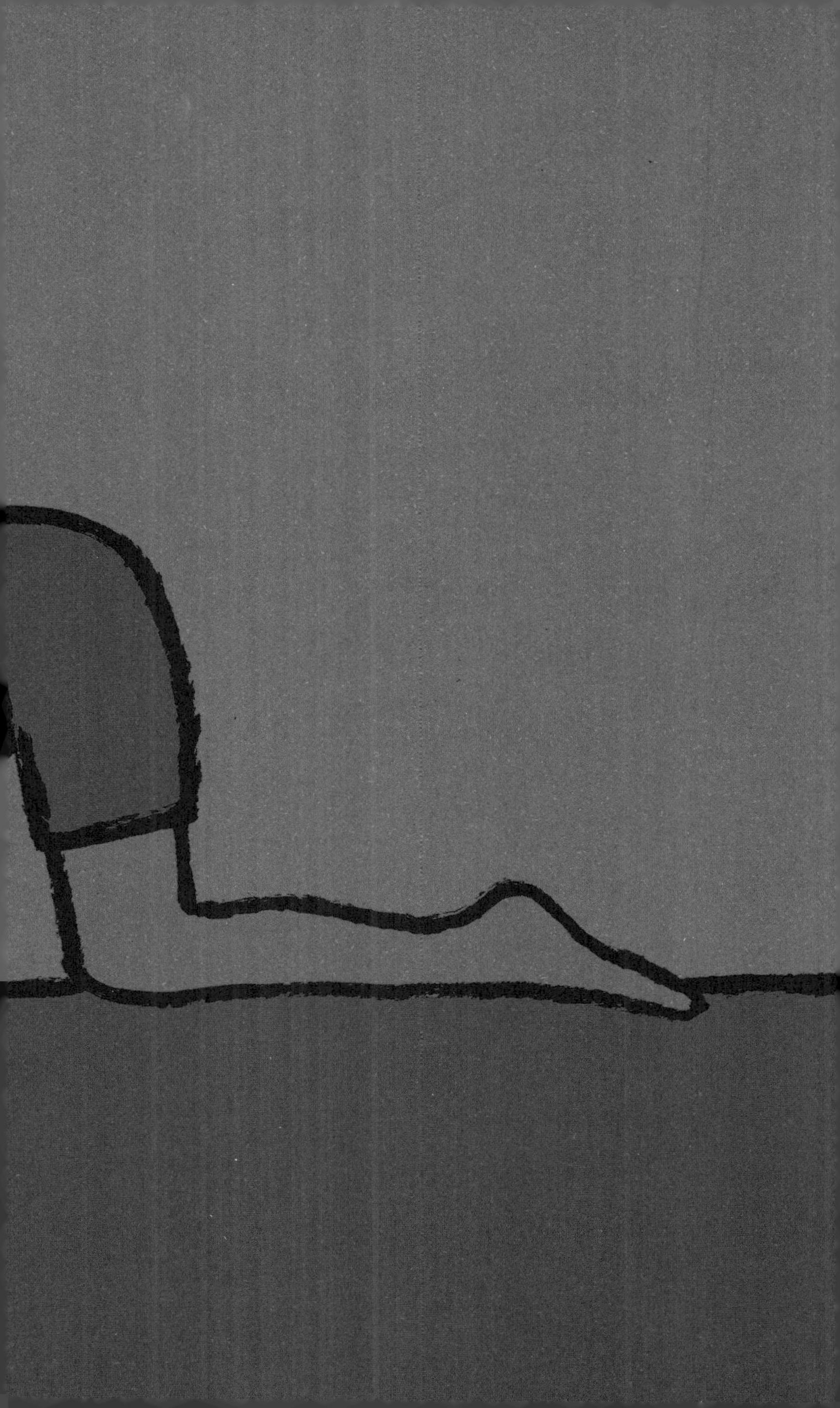

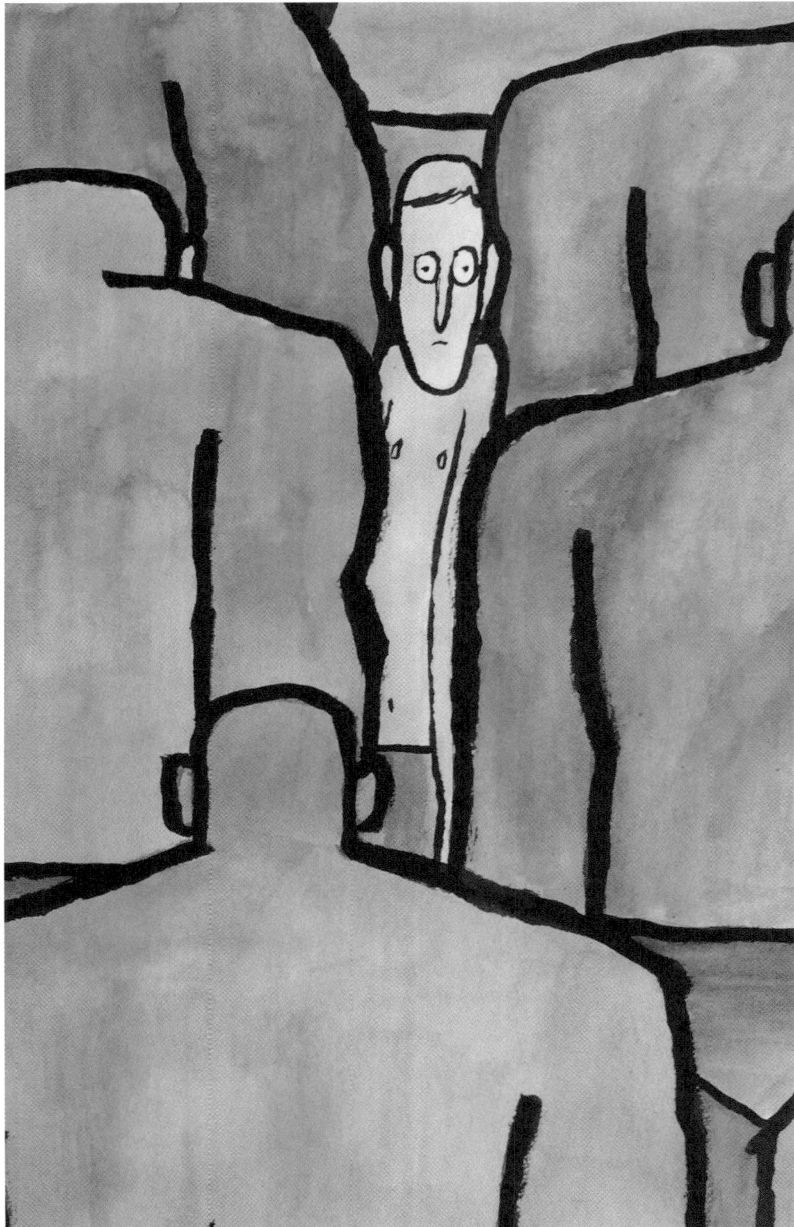

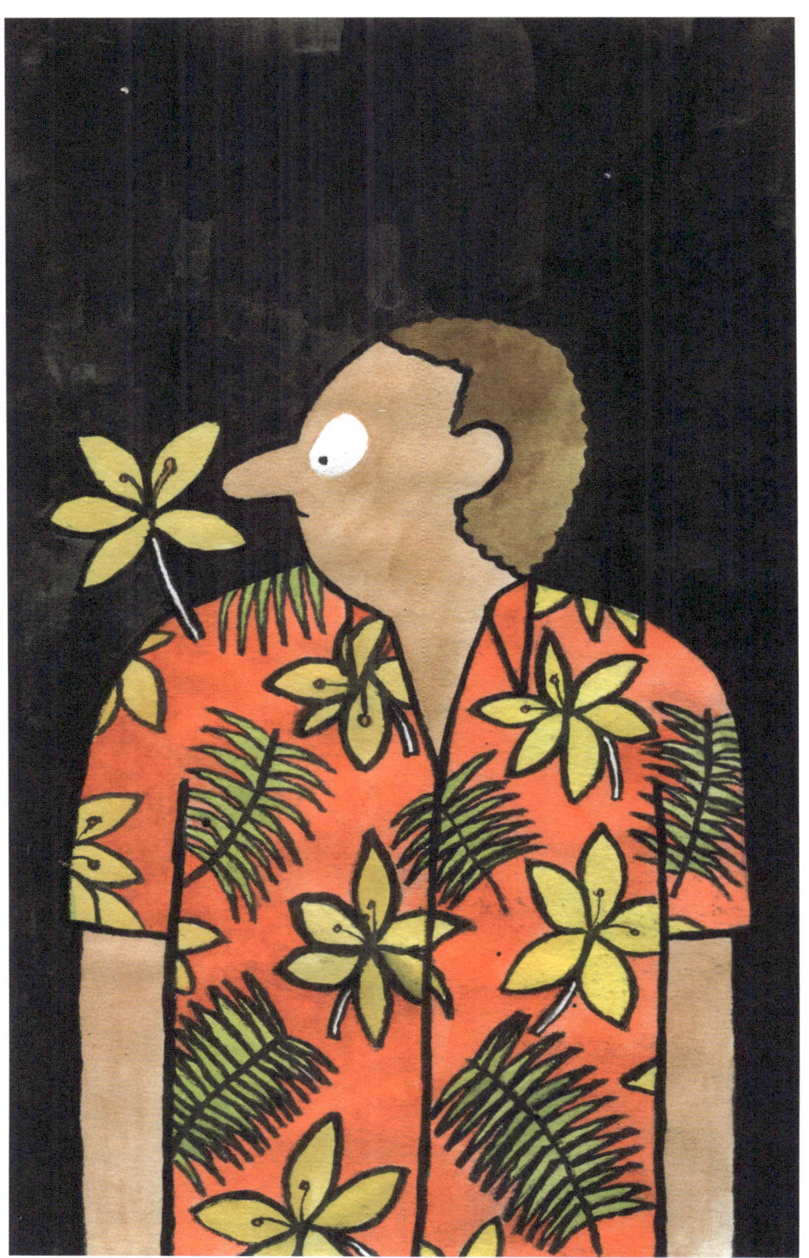

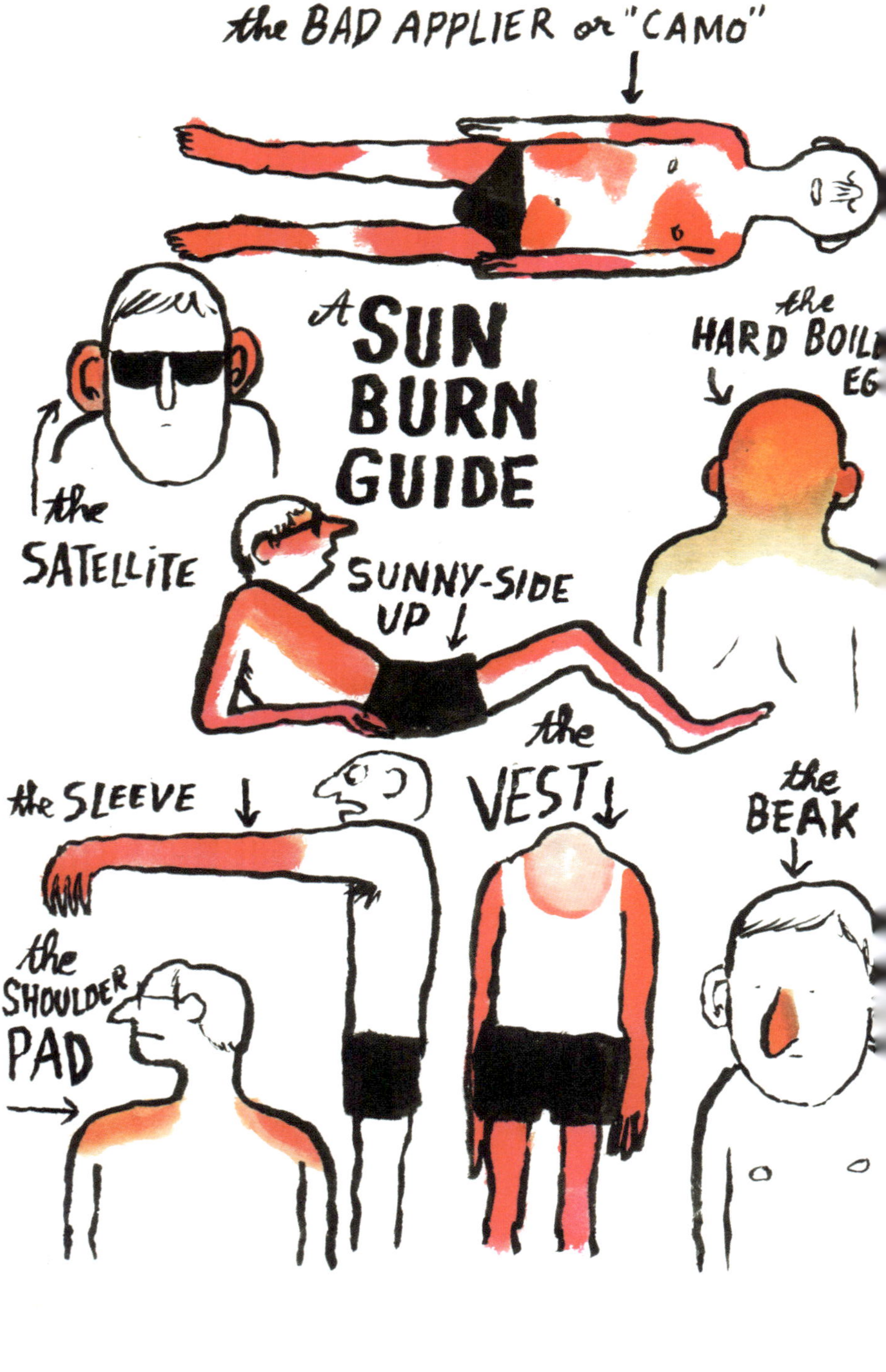

the BAD APPLIER or "CAMO"
A SUN BURN GUIDE
the HARD BOILED EGG
the SATELLITE
SUNNY-SIDE UP
the SLEEVE
the VEST
the BEAK
the SHOULDER PAD

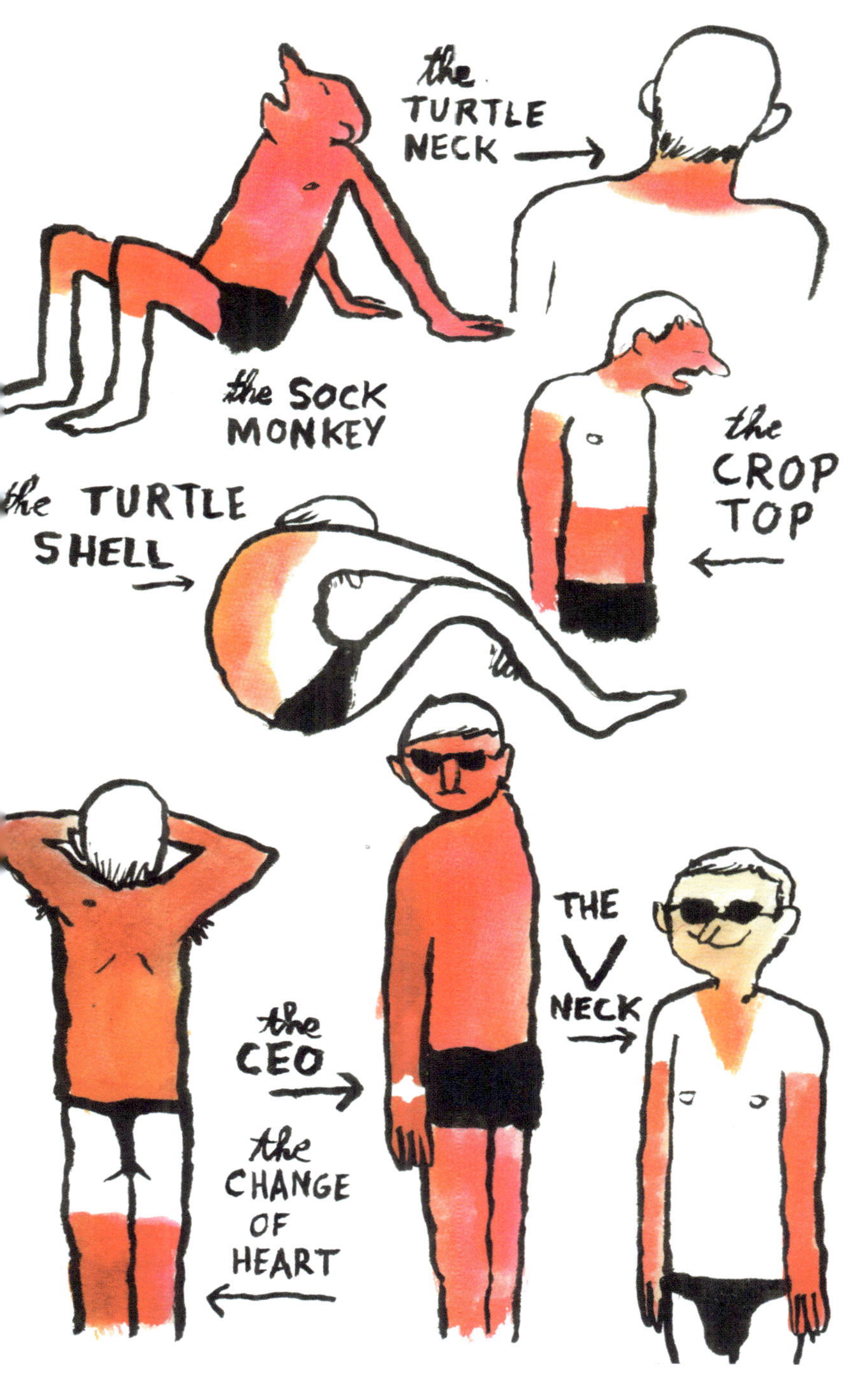

the TURTLE NECK
the SOCK MONKEY
the CROP TOP
the TURTLE SHELL
THE V NECK
the CEO
the CHANGE OF HEART

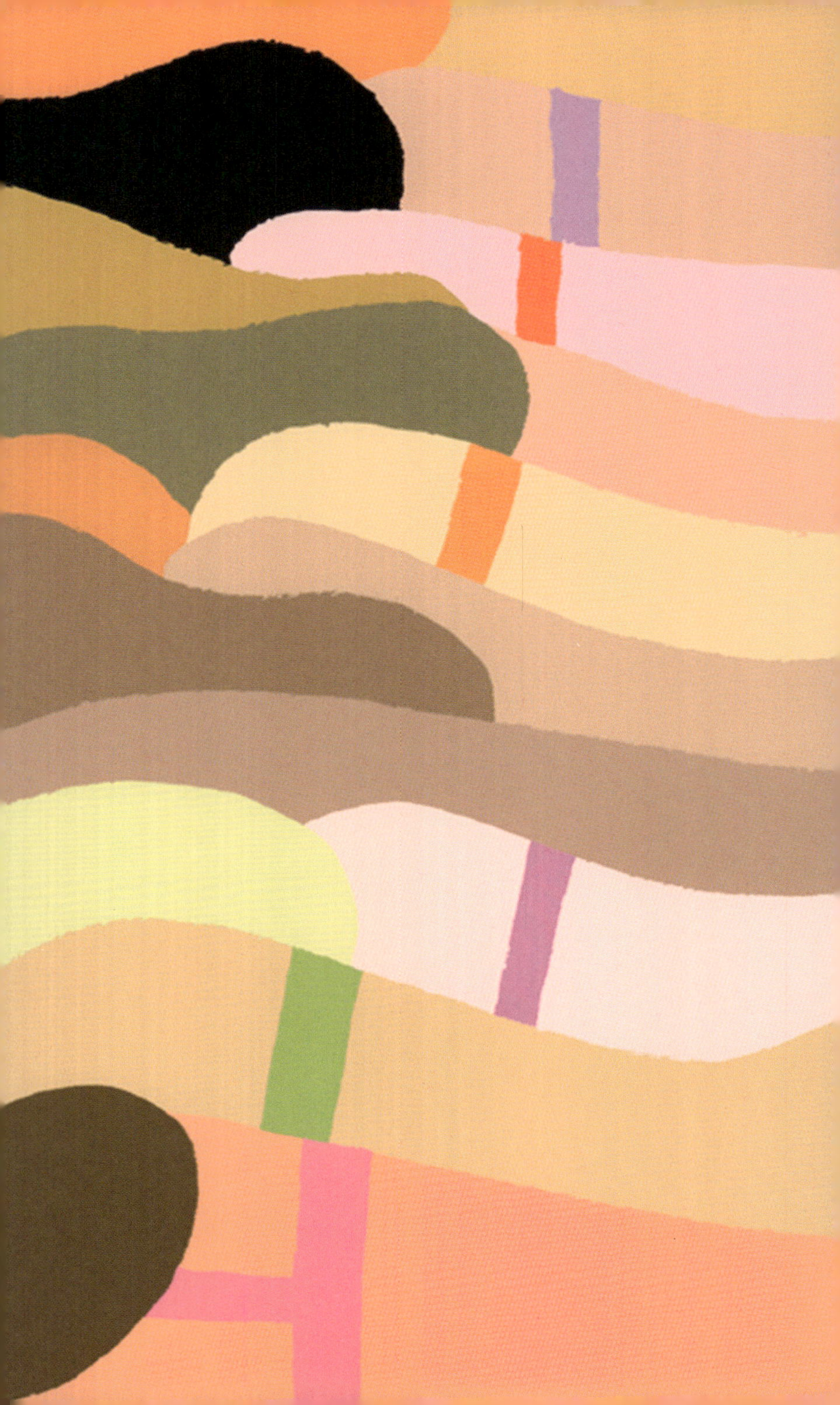

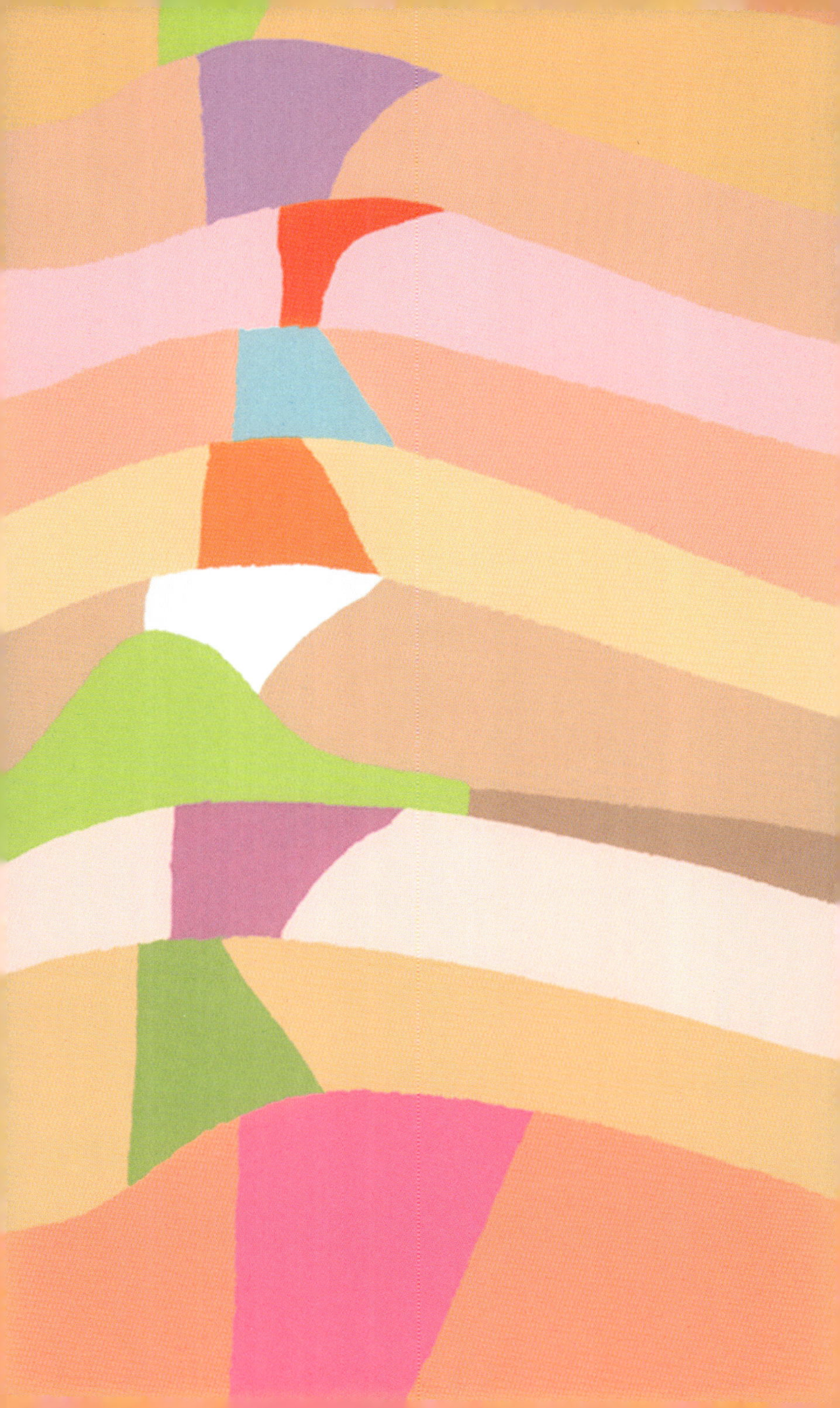

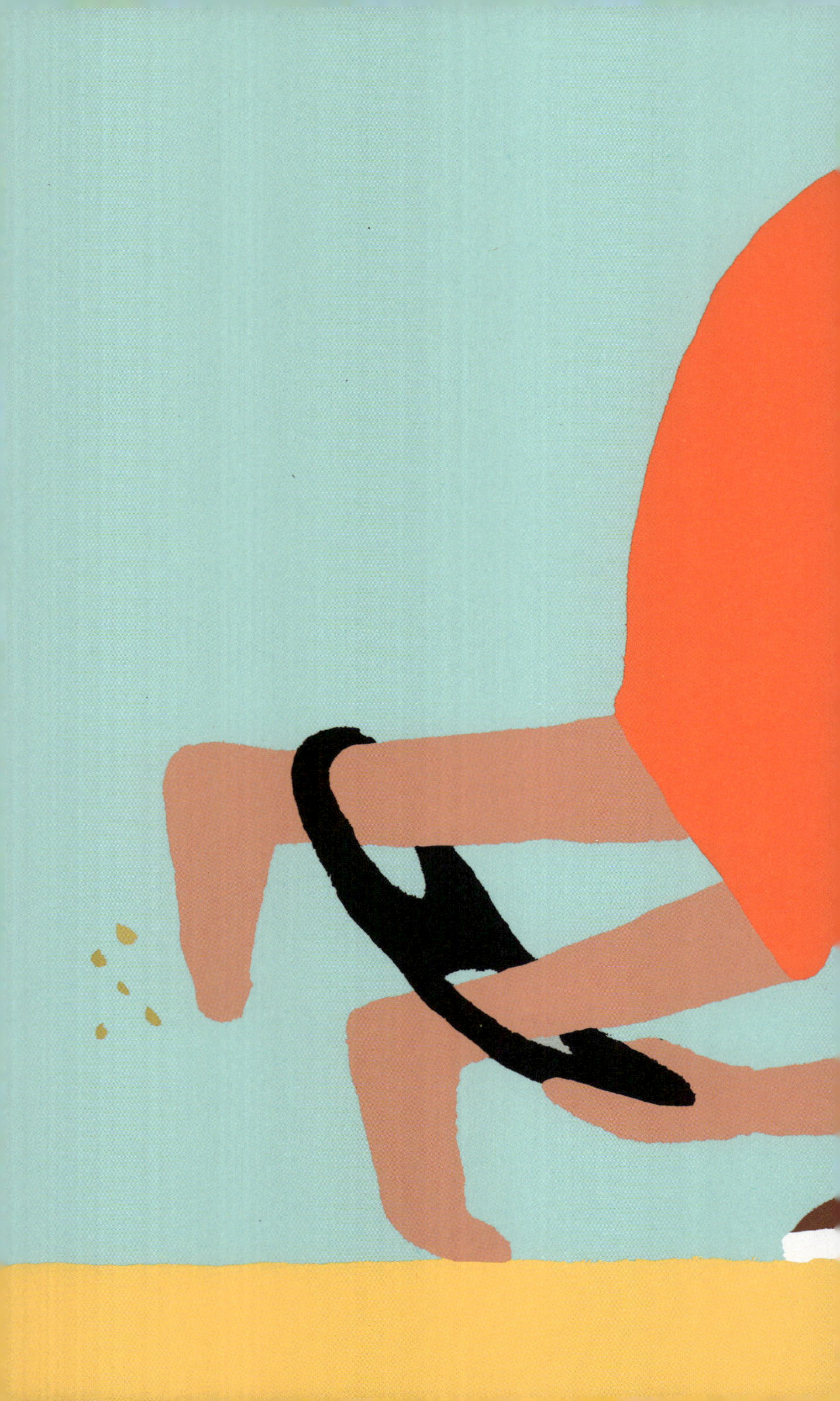

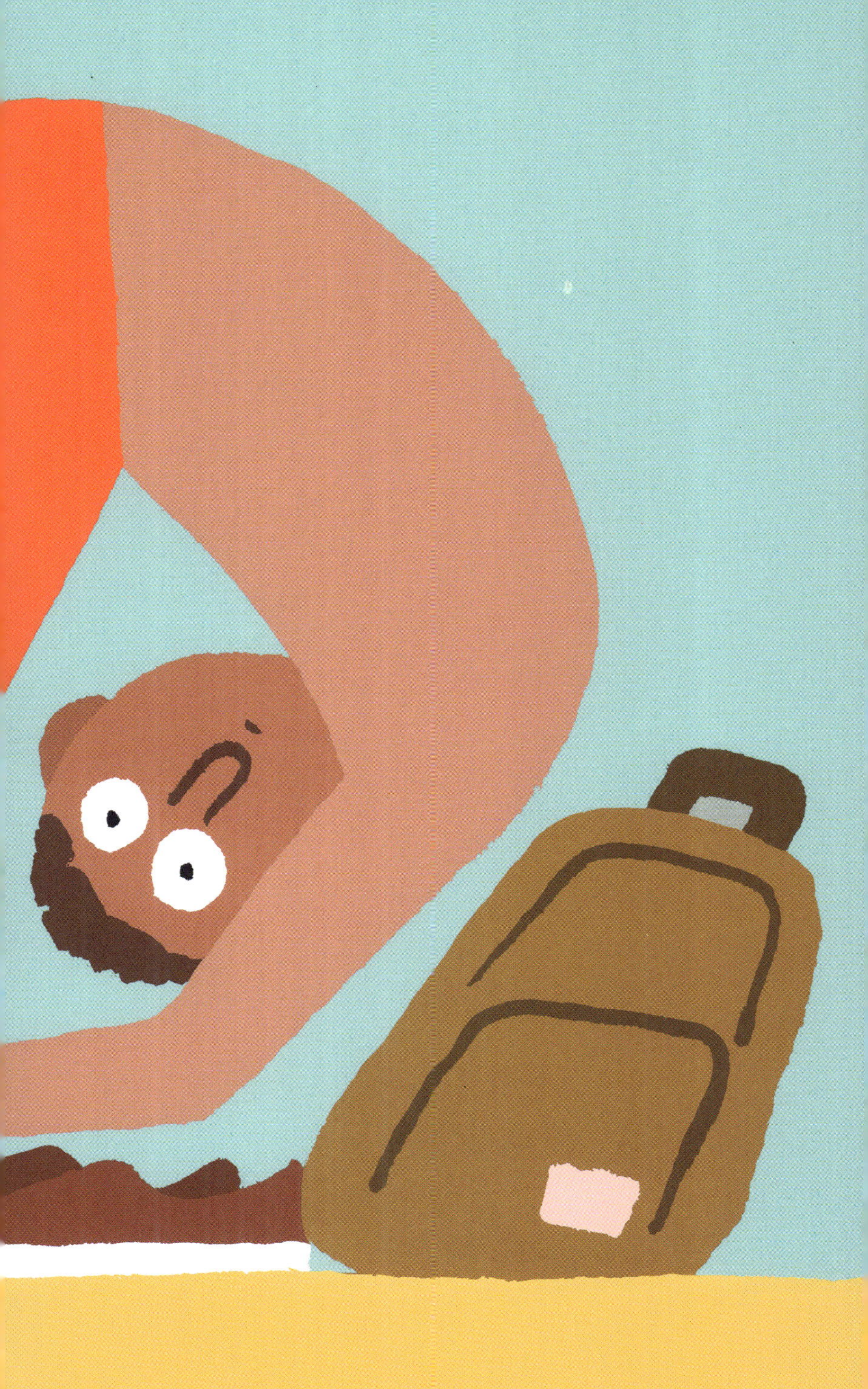

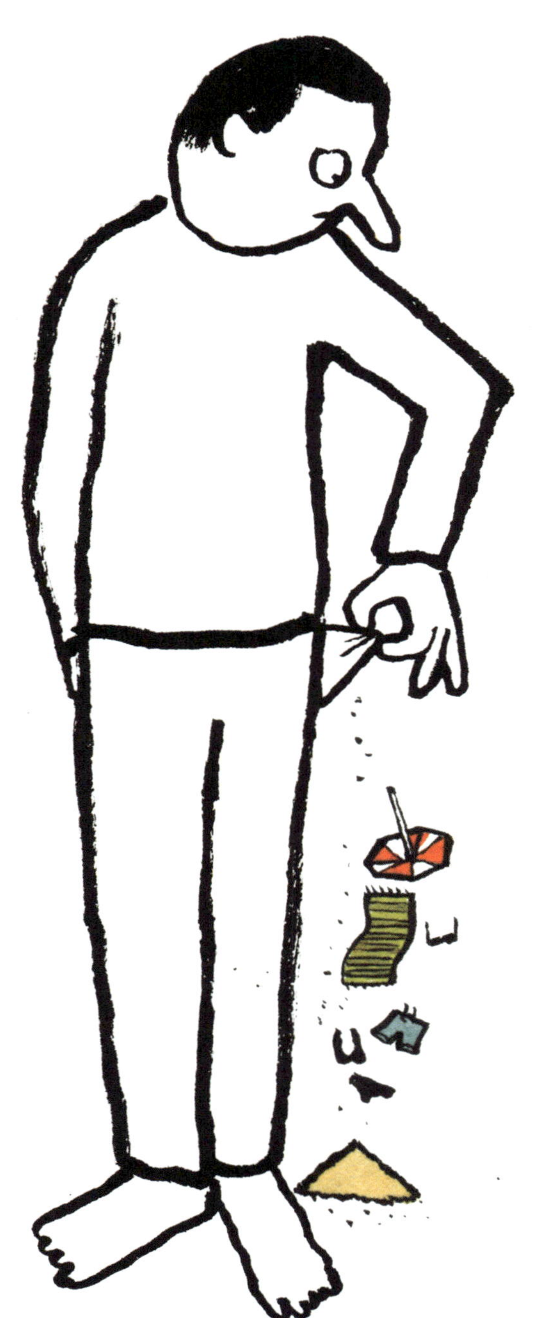

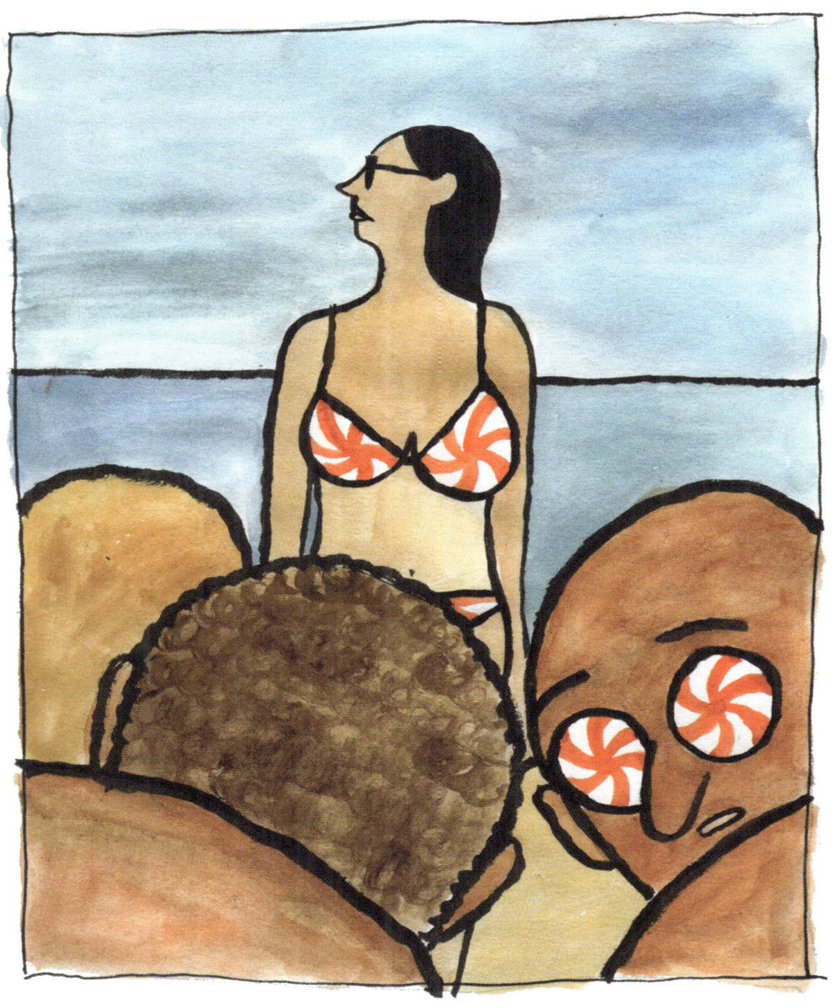

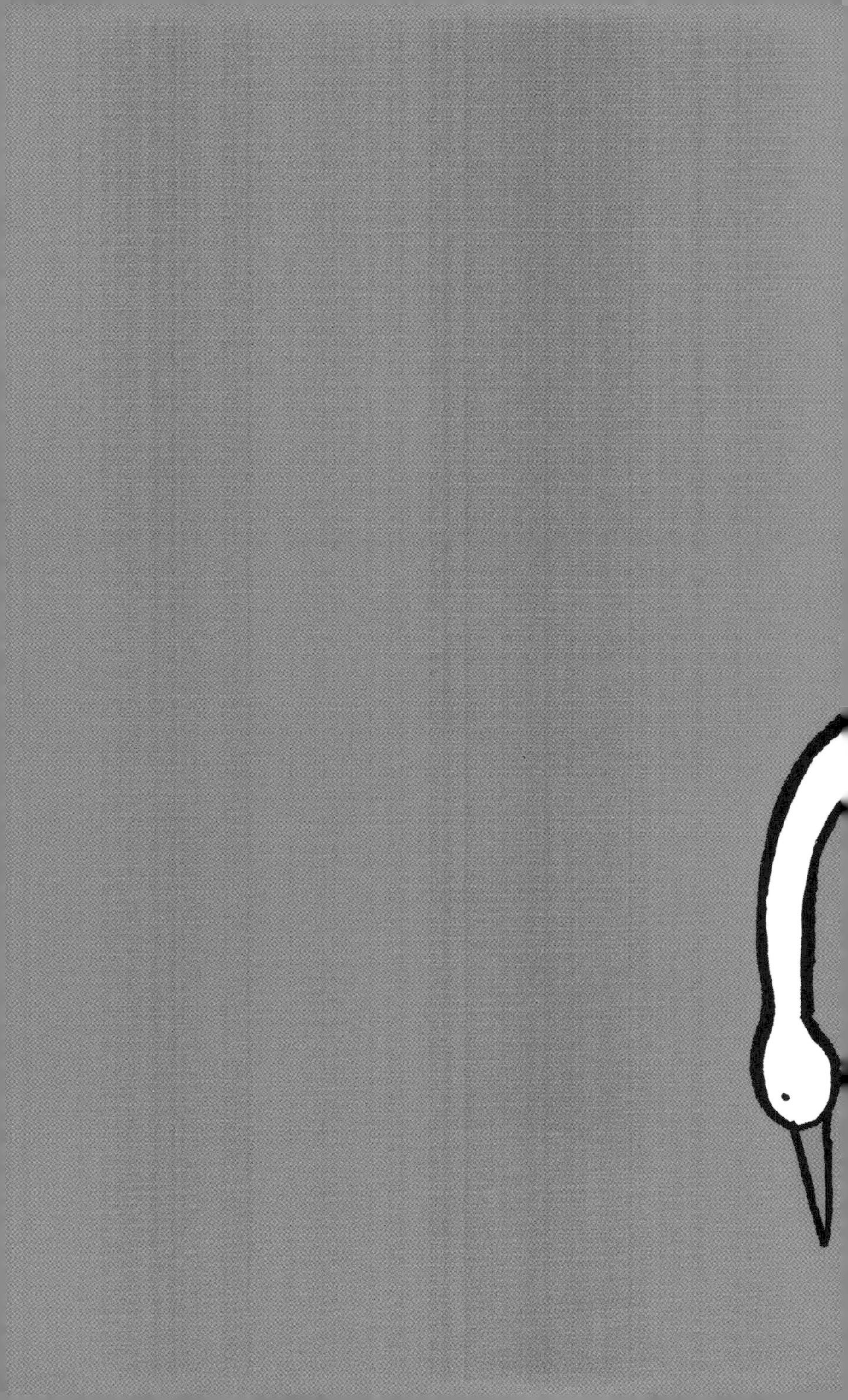

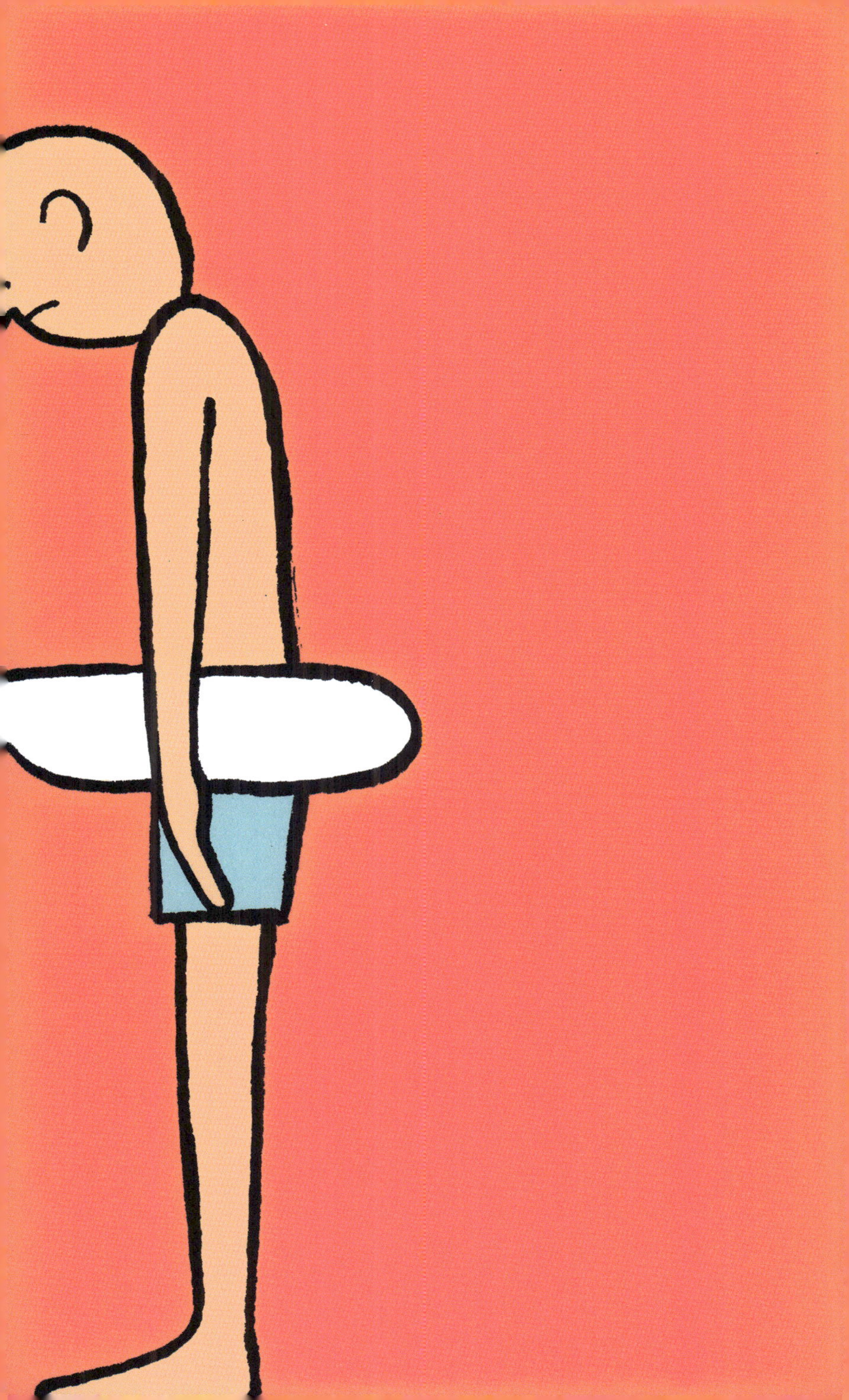

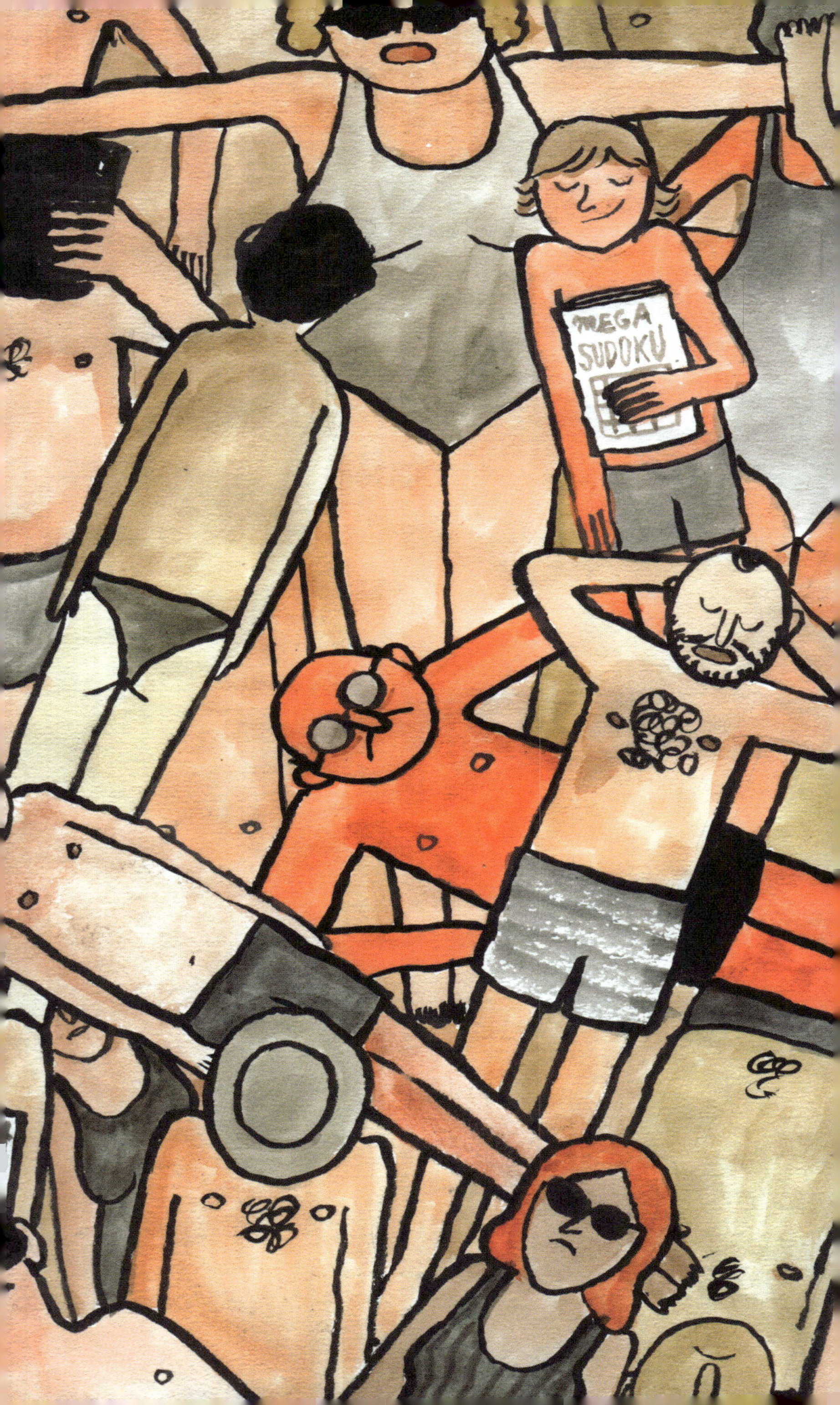
MEGA
SUDOKU

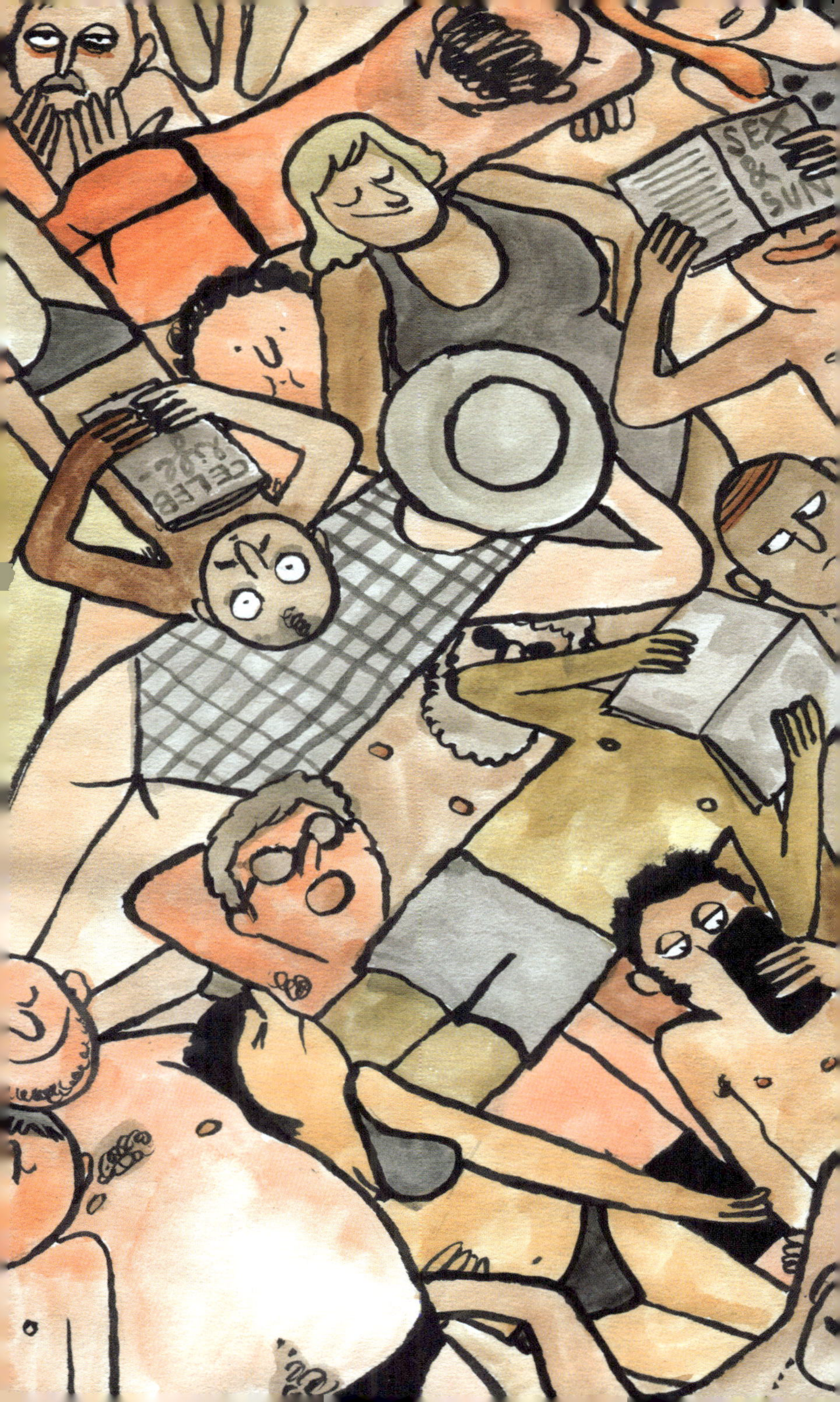

SEX & SUN
CELEB

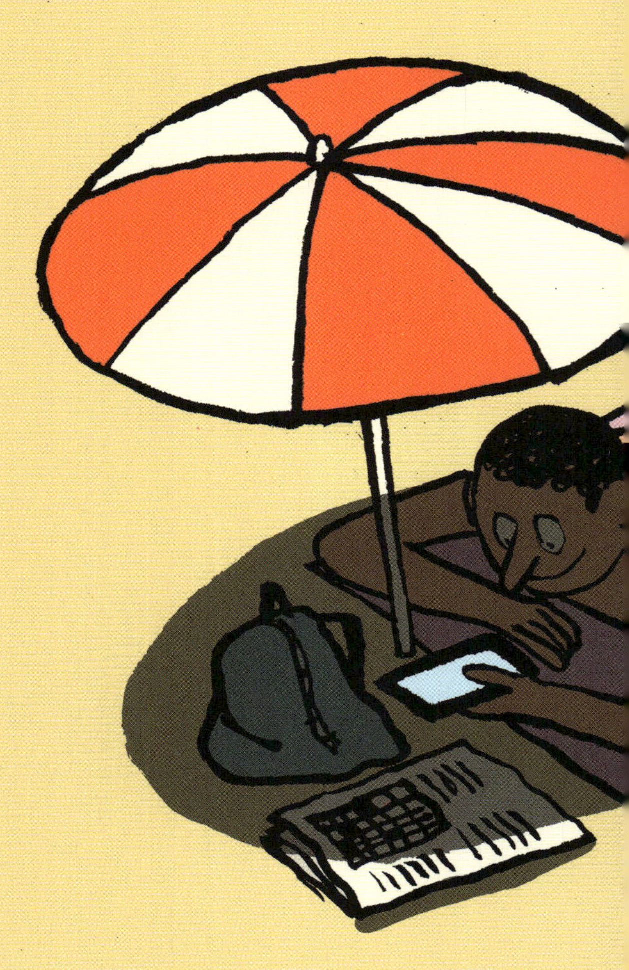

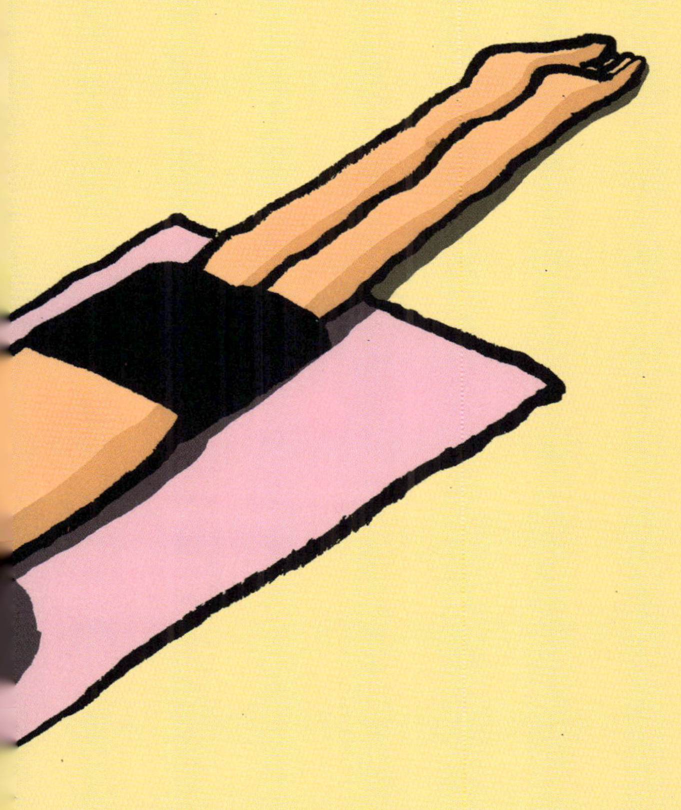

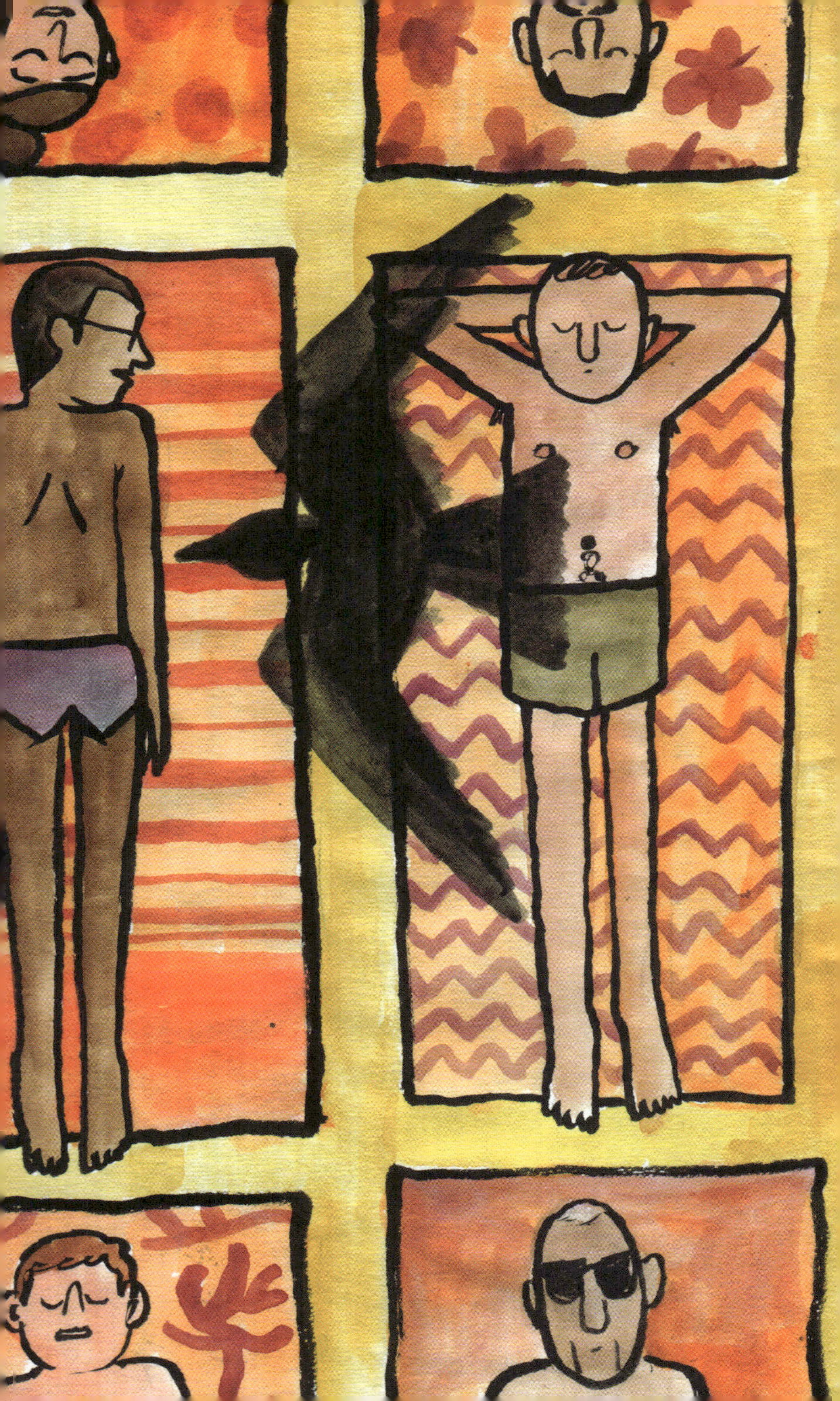

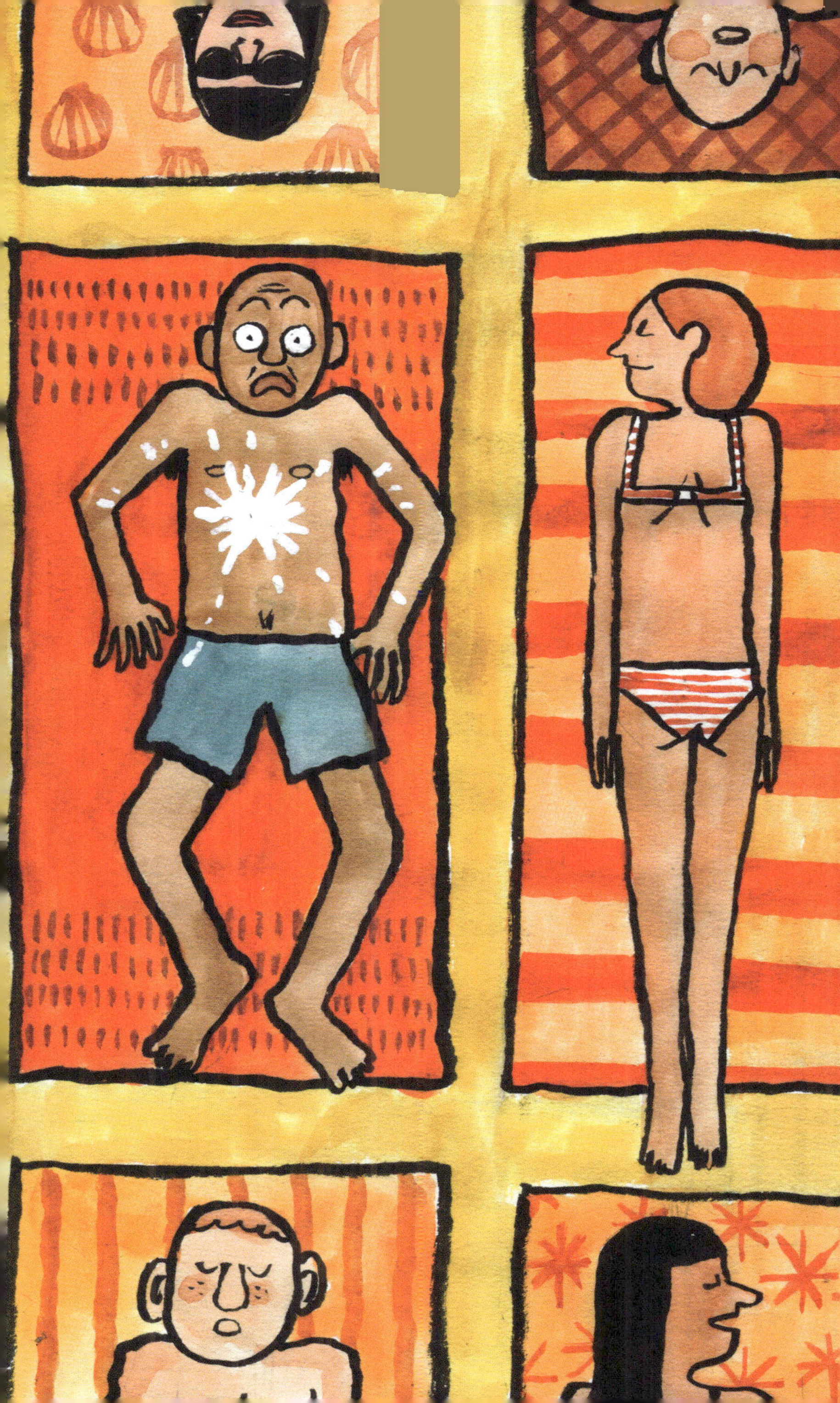

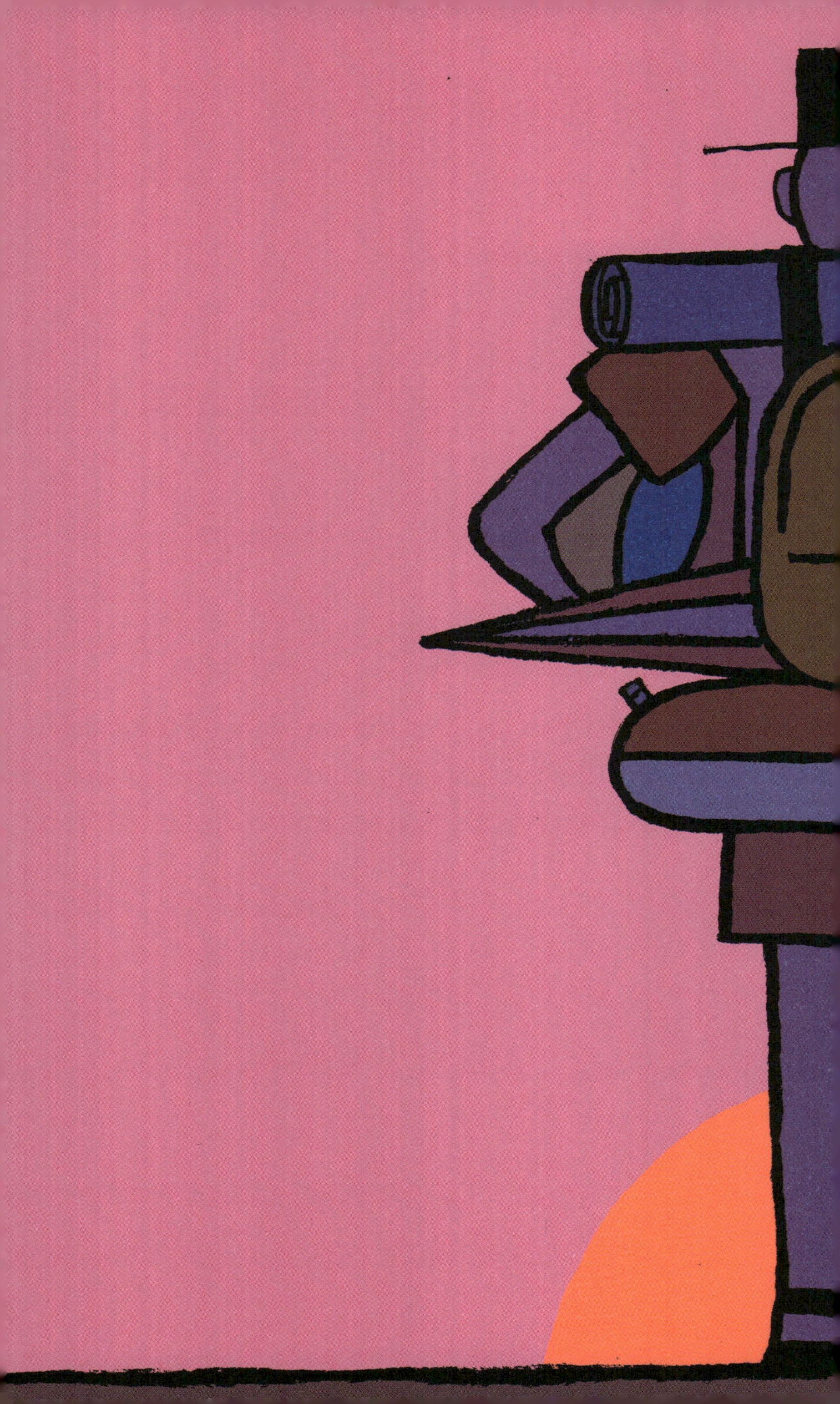

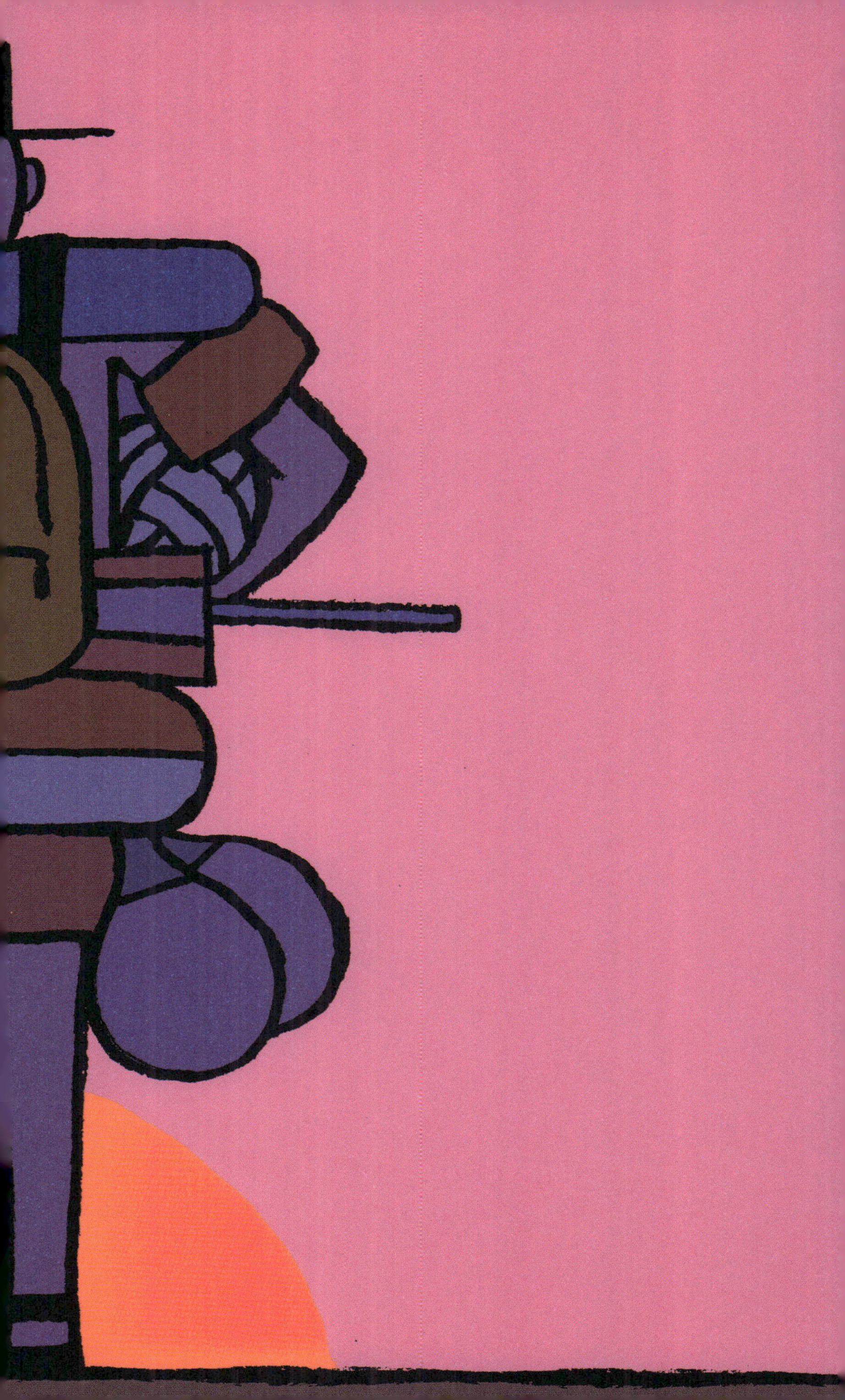

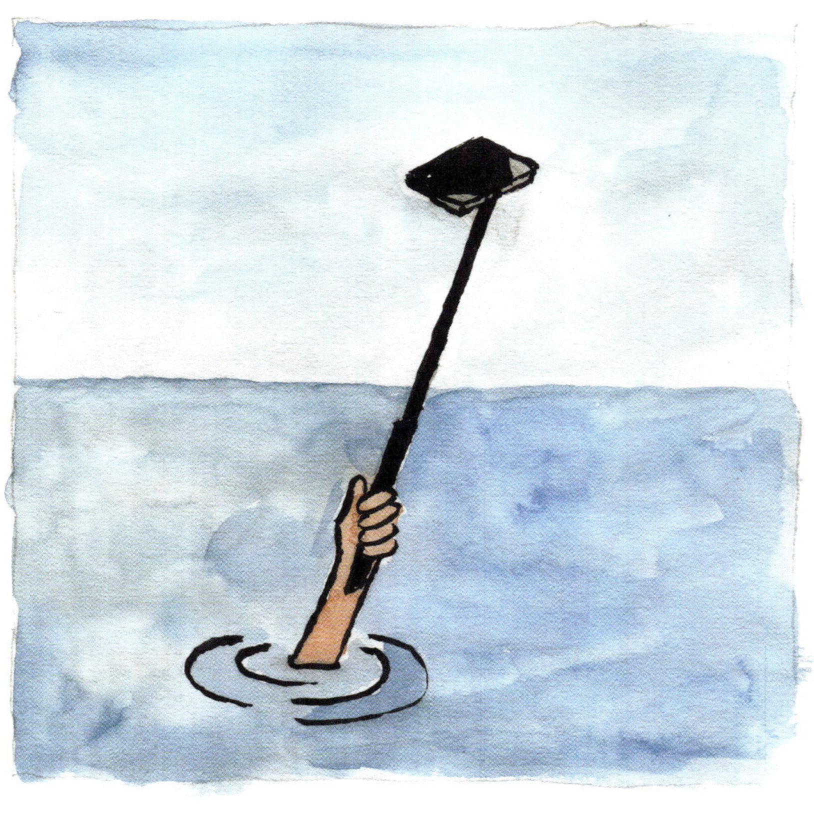

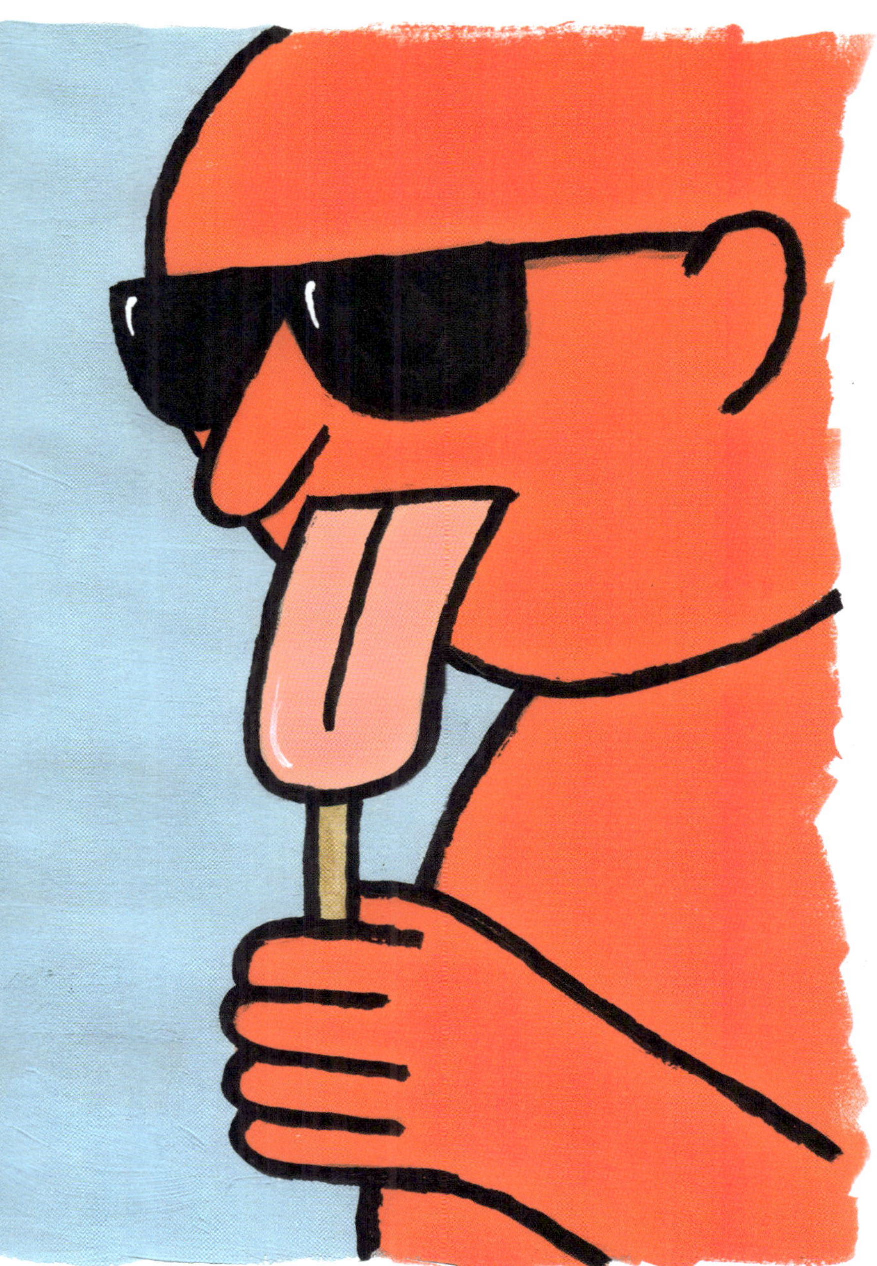

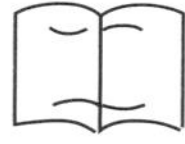

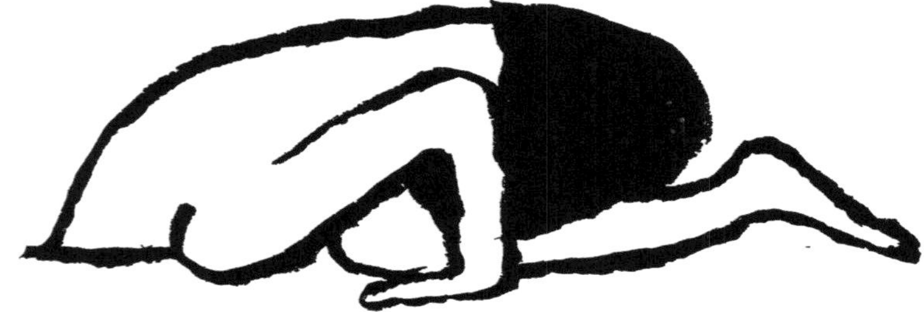